AF364528

ALSO BY ANNA MOSCA:

Imputami il peccato di voler sopravvivere
Paperback, Hardcover, e-book

COLLECTIONS OR POEMS FROM THE
FOLLOWING COLLECTIONS IN ENGLISH:

California Notebooks
Not Rosaries Nor Missals
Psalm 1,2,3
The London Hours
Crossing Rivieras
Deep Sea Diaries
Up In Smoke
Reverberations
Strings
Morning Visions
Poe-m-try

Available here: www.annamosca.com

LE POESIE DELLE SEGUENTI RACCOLTE
POSSONO ESSERE LETTE SUL SITO:

Quaderni californiani
Salmi 1,2,3
Colori Estivi
Sottrazioni
Un volo oltre
Alti Viaggi
Stratigrafia [mi'la:no]
Passi sul lago
Eulogie
Sepolture
Scadenze
La memoria

CALIFORNIA NOTEBOOKS

01

CALIFORNIA NOTEBOOKS

QUADERNI CALIFORNIANI

Anna Mosca

to those souls whose flesh is too tight
to those whose dreams are real and reality seems
to be a dream

a quelle anime la cui carne va stretta
a quelle persone i cui sogni sembrano realtà e la realtà
sembra un sogno

You finally get to Los Angeles and you ought to stop in Venice to kiss the Pacific. After you've crossed the Atlantic. Then you turn your back to it and leave, in the opposite direction, toward the desert. Going back in the direction you came from, just a bit, to explore. And the trip is still on.

Si arriva finalmente a Los Angeles e si fa tappa doverosa a Venice per baciare il Pacifico. Dopo aver attraversato l'Atlantico. Poi si voltano le spalle e si parte, in direzione opposta verso il deserto, tornando un pezzetto indietro verso di sè, alla scoperta. E il viaggio continua.

TABLE OF CONTENTS

01

QUADERNI CALIFORNIANI

CALIFORNIA NOTEBOOKS

*

ho visto la pioggia

camminare sul mare
bussava senza sosta

incapace di scavare
buchi antichi

come nelle rocce
perché era

accolta
era ben accolta

*

I've seen rain
stepping on the sea
incessantly tapping

not able to carve
ancient holes

as on rocks
because it

was welcomed
it was welcome

*

dove vivo
ora è molto caldo
è il deserto secco

le montagne spoglie
circondano la valle dove
gli arcobaleni riposano

fanno brevi pause
sull'erba frequentemente
annaffiata

*

where I live
now is very hot
it's the dry desert

mountains encircle
the valley where
the rainbows lay

for short breaks
on periodically
sprinkled grass

*

l'eternità vaga
dentro me non posso
che viaggiare

perlustro senza sosta
la mente e lo spazio
sulla terra e nei sogni

cerco un ordine
inseguo le acque
l'armonia che riempie

a fondo da dentro
per farmi lago

alas a casa

*

eternity roams
inside me I can't
help but travel

forever wondering
the mind and space
on earth as in dreams

seeking some order
chasing the waters
harmony to fill me

deep from the inside
to make me a lake

alas at home

*

mi adorna
un sorriso inaspettato

io che attendo poco e vivo
d'ora che esploro sorvolando

non trattengo più nulla lascio
che il movimento accada e non ho

indirizzi punte di spilli o di matite
mi trovo felice tra le ultime tre righe

*

25

me decorated
with an unexpected smile

I now expect little and live the moment
exploring while passing over

I've quit detaining I let
motion befalling having no

more addresses pinheads or pencils
I found myself delighted
in the last three lines

*

la mattina presto
tutti lavorano

per abbellire
il territorio

mentre gli irrigatori
cantano l'acqua danza

verso l'alto nel cielo
gli uccelli pettinano

le loro canzoni
le signore anziane

con ancora i bigodini
portano a spasso i cani

vecchi camion
ripieni di nuovi

fiori da piantare
passano lentamente

*

early morning
every one works

to make the land
more beautiful

sprinklers sing
water jumping

up in the air
birds grooming

their songs
elderly women

with rolls walking
their poodles

old pick up trucks
filled with new

flowers to plant
slowly driving by

*

noto il silenzio

non più i cinguettii
o il chiacchierio del vento

noto i colibrì cercare
l'immobilità sbattendo le ali

furiosamente smetto di impegnarmi
lascio liberi i miei occhi

cercano di aggrapparsi alle lettere
sulla pagina quando abbasso il libro

giù dov'era prima lasciando
cadere come se tagliata

anche la mia testa

*

I notice the silence

not anymore the chirping
or the chatter of the wind

I notice the hummingbird
trying stillness by furious

flapping I stop engaging
myself I let go of my eyes

frantic grasping of letters
on a page putting the book

down where it was letting
my head as beheaded

falling too

*

dove l'orizzonte
diventa
orizzontale

niente su cui issarsi
dal quale guardare in basso

resta solo un passo avanti
per vedere l'altro
lato

e poi lasciarsi andare

*

where the horizon
goes
horizontal

nothing to climb
and look down on

just a step over
looking at the other
side

and letting go

*

raccolgo le parole
come margherite
in un campo nuovo

attenta a tenerle
in piccoli mazzi
mai così belle

come appena scoperte
un ricordo di meraviglia
arrossiscono si chiudono

sul loro significato
si coprono il cuore
schive della verità

piuttosto prossima
al nostro spirito sordo

che rammenta solo
un paio di note

*

I pick up words
as small daisies
on a spring field

careful to hold them
in small bunches
never as beautiful

as when first spotted
a memory of wonder
blushing as they close

around their meaning
covering the heart
shy of a truth near

enough for our dull spirit

to remember a note
or two

*

è così
che ogni mattina
io mi preparo a calcare
il piede sullo stesso sentiero

ecco come si formano le abitudini quelle buone

ho imparato tra un passo e l'altro

a far tesoro dell'osservazione
delle nuove rivelazioni che
sbocciano nel mio
presente

*

it is so
that every morning
I go about pressing the foot
on the same path that's how

habits are formed good ones

I've learned in between

steps to make treasure of
observation new revelations
as they come blossom

in presence

*

è una rivelazione
non una cicala
canta uguale

una farfalla posata
vicino ammira
qualcosa mi perdo

in tale leggerezza
tempo fa dicevo ai bimbi
di fermarsi e di ascoltare

i canti delle
farfalle mentre
loro annuivano

*

it is a revelation
not one cicada
sounds the same

a butterfly sitting
by me admiring
something I lose

myself on such lightness
I used to tell children
to stop and to listen to

the songs of
butterflies as
they nodded back

*

alcune poesie
vagheggiano d'essere
giardini o meglio ancora laghi

racchiusi e sicuri
ideali per meditare
perfetti per lasciarsi andare

dove persino il silenzio
è circospetto prezioso
accoglie e anche

esclude il tempo
come un palpito
trattenuto

tra le mani

*

some poems
long to be gardens
or more likely lakes

enclosed and safe
ideal for thinking
suitable for letting go

where even silence
is guarded precious
embracing yet

leaving time out
somehow a small
palpitation held

between hands

*

il sole riposa
tra i miei capelli
in un pomeriggio d'inverno

le ore fuggono
correndo veloci
nella serata tranquilla

non oso rientrare
sottrarmi a
questa grazia

tengo la testa bassa
mentre scrivo curva tra
le lettere le mie emozioni

*

the sun rests
on my hair on a
winter afternoon

hours fleeting
rushing into the
calm evening

not daring to
go inside subtracting
myself from grace

I keep my head down
bowed as I write between
letters my emotions

*

è la bellezza che ci appartiene
che indossiamo con leggerezza
quella che ci mancherà di più

sono passata di lì

gobbe buche e crepe
le conosco se solo tu mi lasciassi
fermare questa assurdità stringendo
quello che abbiamo

*

it's the beauty we hold
and carelessly wear around
what we'll be missing more

I've been that route

bumps holes and crevices
known to me if you'll let me
stop the nonsense and hold
dear what we have

*

la mia occupazione preferita
è stata quella di
ascoltare il silenzio

dare forma alla musica
cantando con
le mie mani

sopra ai suoi colori
in punta di piedi
innamorata

rallentando
le mie risposte
per dissipare l'oscurità

dentro la bellezza quella
profonda e nell'armonia
che vi cresce intorno

*

my favorite occupation
has been that of
listening to silence

to give shapes
to music singing
with my hands

on top of the colors
that lay already there
to tiptoe in-love

slowing down
my responses
to evade darkness

into the beauty held
inside as the harmony
viable all around

*

alcune notti

lenisco l'inquietudine
abbandonando la casa
per una rapida passeggiata

fino a quando i passi
diventano radi e più
lenti osservo le stelle

comprendo all'improvviso
quelle foglie che si agitano
nel buio torpore mi capita

di voltarmi per catturare
il leggero scalpiccio della
mia ombra concepita

sotto la luna

*

some nights

I soothe restlessness
vacating the house
for a brisk walk

until steps get
few and slower
I may stargaze

or understand at once
those leaves shaking
in the dark torpor

I may turn to catch
the light patter of
my shadow born

under the moon

*

arriva
il mese più corto
e lo vorrei colmo

di sfumature di pace
di gratitudine e sorrisi di
comprensione una bibita fredda
può essere dolce nel silenzio
gusto le membra distese

bellezza illimitata i miei
pensieri sono un cuscino
vieni sdraiati con me

*

the littlest
month coming
but I wished it stuffed

with all colors of peace
gratitude and smiles of
understanding a cold drink
can be sweet in silence
savored limbs stretched

infinite beauty my
thoughts a pillow
come lay with me

*

l'amore materno
che lascia andare

che tiene in silenzio
un angolo

scalda il nido
pronto ad accogliere

in ogni momento
l'uccellino ferito

un corpo piccolo che
ancora attraversa gli oceani

*

the mothering love
of letting go

silently keeping
a corner

warm the nest
ready to welcome

anytime me
the wounded bird

a small body
still crossing oceans

*

continui il mio sorriso
ad essere per sempre amabile
mentre gioco nella vita

interpreto ruoli nuovi e mi aggiusto
le parole come un abito aderente

continui il vento a vestirmi
a cambiarmi incessante ma
quel sorriso amabile

che quello resista

*

may my smile
be forever loving
as I play in life

new roles and adjust
words as a tight dress

may wind clothe me
forever changing
just that loving smile

let that one survive

*

da sempre desidero
che le mie finestre
siano al sole

una casa rotante
dove io pianifico le mie
attività in piena luce

corteggiando
una dolce routine
accarezzando i miei muri

come le teste dei fiori
alte e orgoglio silenzioso
è il mio essere contenta

il tuo è il bacio quotidiano
di cui io ho fame

*

55

I always wish
for my windows
to face the sun

a revolving house
I plan activities
around the light

moving courting
a gentle routine
caressing my walls

as the flowers heads
up and silent pride
it is me contented

yours is a daily
kiss I crave for

*

i risvegli all'alba
un passo dopo l'altro

un'abitudine che
mi mette sulla strada

chi incontro
sul mio percorso

se non viaggiatori
feriti

un timido (cuculo)
corridore senza artiglio

un corvo gigante
con un ala spezzata

e poi ci sono io

che rammendo i miei sogni

*

early mornings awakenings
one step after another

a habit that sets
me on the way

who do I meet
on my path

if not wounded
travelers

a shy roadrunner
without a claw

a shiny large crow
with a broken wing

and then there's me
mending my dreams

*

un fiume scorre
tu non corri

da me la poesia scorre
è difficile trattenerla

non uso le mie mani per quello
ho occhi nuovi per abbracciare

gambe forti allacciate strette
è un luogo sospeso

dove mi trovo dimmi
cosa c'è di nuovo

*

a river pouring
you are not rushing

to me poetry flows
out is hard to contain

I've no hands for that use
I've new eyes to embrace

strong legs clasped around
it's an odd place wonderful

to be tell me what is
new today with you

*

cerco la tua mano
raggiungendoti
nella tua solitudine

sembra giusto scambiarsi
tenerezza che non è che
un indumento strano oggi

la gente indossa
passione gelosia invidia
dichiara di sentirsi

viva consumata direi
quella moda comune
si indossa l'intimo fuori

l'intimo è pubblico
le azioni i sentimenti i selfie
poco resta privato

cerco semplicemente
la tua mano è tutto
qui il significato

*

I long for your hand
reaching out to you
in your solitary time

it feels right to exchange
tenderness as rare
a garment today

everyone wearing
passion jealousy envy
claiming to feel

alive consumed indeed
that common look
wearing everything out

underwear outerwear
deeds feelings selfies
very little left beneath

simply I reach out
to your hand let it be
all with all its significance

*

trovare il modo
di zittire i pensieri
rumorosi ossessivi

figli della paura per accogliere
quelli a forma d'ali
amalgame di leggerezza

piume su muscoli forti
che ci permettano di librarsi
nella bellezza della vita

con il becco spalancato

*

may we find a way
to silence the loud
obsessive thoughts

sons of fear to welcome
the ones shaped as wings
a conglomerate of lightness

feathers on strong muscles
to allow us to soar through
life's beauty with our beak

open wide

*

una sedia vacante
in una stanza vuota

lascia che ti aiuti
a riempire le lacune

fammi stare in piedi
con le mie ossa rotte

lo conosco il danno
vasto come un pianeta

non diventa che un
puntino nella notte

*

a vacant chair
in an empty room

let me help you
fill up the many gaps

let me stand tall
with my broken
bones I know

what loss is
large as a planet

getting to be a small
point in the dark

*

la saggezza può essere
trovata nel dimenticare

l'amore è un ricamo su
una tela bianca

un ammassarsi di colori
il rosso del sanguinamento

è un'illusione dei nostri
occhi è un blu calmo

dentro

e il perdono potrebbe essere
una zattera di salvataggio

*

wisdom can be found
in forgetting

love is stitched on a
white canvas

an array of colors
red for bleeding

is an illusion to the eyes
it's calm blue deep

within

and forgiveness
may be a life raft

*

sentirmi in pace

galleggiare sugli eventi
qualunque cosa accada
trattengo il segreto

oltre le palpebre
essere nel vento
riposare sopra un giardino

volare leggera sul deserto
spinta oltre qualche oceano
lo spazio è immenso

minusculi pezzi d'anima
calzano esseri umani
frammenti d'infinito

*

being at peace

floating on the events
whatever comes
holding the secret

inside past eyelids
being in the wind
resting on a garden

flying light over a desert
tossed over some ocean
the vast space and

minuscule pieces of
souls fitted into bodies
fragments of the infinite

*

un petalo può condurre
a una distesa di fiori

di poesie e pensieri lievi
sorprendentemente colorati

a un mondo interno extraurbano
proiettarmi con un binocolo che

guarda verso la terra io che
credevo di esserne sopra

dentro non ancora sotto
io che credevo e non so più

io che credo sempre più che
sono e non importa null'altro

che amo vivere un atomo
alla volta la mia esplosione

*

a petal can lead
to an expanse of flowers

of poetry and lightness
surprisingly colored

to an internal suburban world
projecting me with telescopic

vision toward the earth I who
believe to be above it

within not yet under
I who believe and know no more

I who believe evermore that
I'm and nothing else matters

who loves to live an atom
at a time my own explosion

*

comincia con il canto
degli uccelli e una macchina
che passa di tanto in tanto

poi le vibrazioni del
frigorifero che raffredda
il bollitore dell'acqua

o un aeroplano che arriva
da lontano il postino
passa e lascia

montagne di carta
che ci tocca sollevare
sfogliare e buttare

ecco come scorrono
i giorni come la
solitudine mi appaga

*

before it's the bird's
song and the occasional
car passing by

then the refrigerator
freezing while shaking
the hot water boiler

or an airplane
far away the mailman
comes dropping

volumes of papers
we need to lift glance
at a minute then dispose

that's how days roll
away how solitude
serves me well

*

siamo qui
dolcemente abbandonati

fissiamo l'ombra di
un aeroplano sulla terra

una di quelle giornate luminose
dove ogni dettaglio è evidente

e anche la gratitudine che
si presenta dopo il buio

come la notte nella quale
entrambi ci siamo dibattuti

con occhi spalancati
inutilmente impauriti

*

we are here
softly abandoned

glaring at the shadow of
an airplane on the ground

one of those luminous days
where every detail is out

for count and thanksgiving
following a time dark as

the night upon which we
both struggled with

eyes wide open to
no avail in fear

*

ogni fiore ha la sua
ape che per un tempo lo abbraccia
e lo deruba eppure si dona

serenamente non un fiore
scappa via alcuni cadono
nel canale l'acqua

scorre lenta scorre alta

quella degli irrigatori
dipingono un arcobaleno
nell'aria per me che

ho una vita più breve della loro

*

each flower has its own
bee for a time been hugged
and pillaged yet giving

gladly not a flower runs
away some fall in the
ditch where water

slowly runs looking up

sprinklers themselves
start a rainbow in the thin
air for me to see having

a shorter life than theirs

*

il tempo lascia
tracce ovunque
le vittime non sono
mai vendicate

il tempo non si può
trattenere può essere
schedato mai
arrestato

e a pensarci
seriamente
non duriamo ma
il tempo di un respiro

il tempo si mostra
e fugge veloce

*

time leaving
traces everywhere
victims never
to be avenged

time cannot
be held it can
be classified
never arrested

and if doing some
serious thinking
we last but the
length of a breath

time shows itself
and swiftly goes

*

decenni sono stati consumati
soppesando giudicando conquistando
nella severità dell'essere

aggiusto la mia cintura di sicurezza
per il paese della leggerezza
dove le isole galleggiano

come tutti i miei pensieri
in un'estasi incantata
io sono qui silenziosa

*

after decades spent
in the seriousness of being
pondering judging achieving

fastening my seat belt
to the land of lightness
where islands do float

as all my thoughts
in enchanted bliss
here silently I am

*

una volta
vivevo in una giungla
mi sa

passavo il tempo
guadando emozioni
ragni e zanzare
piangendo

la luce a malapena
si vedeva i turbamenti
erano troppo densi

mi serviva un machete

stroncando alcuni pensieri
nuove emozioni crescevano
alte e slanciate quasi assenti
i rampicanti

ora vivo

in un campo verde
il sole splende nel cielo
limpido e di tanto in tanto
un cespuglio di rovi

*

once I used
to live in a jungle
I think

I spent my time
wading off emotions
spiders and mosquitos
crying

the light was
hardly shining
emotions were
too thick

I needed a machete

cutting off some thoughts
new emotions started
to grow tall and lean
fewer the ivy

now I live

in a green pasture
sunshine on a clear sky
and the occasional
thorn bush

*

siedo
immobile e non per il caldo

per osservare meglio questo silenzio
denso di suoni appena percettibili

il cielo un colore unico intenso

vedo ali vellutate muoversi
senza rumore non trovano ostacolo

neppure il colibrì fa rumore
finalmente riposo

il desiderio sale

di non volersi muovere mai
più per restare ad osservare
la luce tagliare le valli

cadendo

*

sitting
hushed – heat isn't the cause

willfully watchful of this silence
pregnant of barely perceptible sounds

the sky one solid color

velvety wings moving
producing no noise they found
no obstacle

not even the humming birds
make noise I rest at last

desire raises

not to move
ever abiding surveilling
the light severing the valleys

when it falls

*

fermarsi qui
smettere il tempo i pensieri
le nuvole buie scelgo la bellezza
la novità e le voci lontane

indosso la gratitudine
se non mi strappano questa
posso vivere
ovunque

*

stopping here
quitting time thoughts
and worries just absorbing
beauty newness far away voices

sweating thankfulness
if you never take this
away I can live
anywhere

*

cavalcare il vento
è un mio vecchio sogno

devo (essere) contenta ora
solo sussurri alle mie orecchie

vento che muove foglie
e fiori insieme

che accarezza la superfice
del mare e delle rocce insieme

innalzarmi tuffarmi galleggiare
pigramente intorno alle cose

respirare una volta
e una volta ancora

potentemente
leggera

*

to ride the wind
is an old dream of mine

I have to (be) content for now
just whispers to my ears

wind that moves foliage
and flowers alike

that caresses the surface
of sea and rocks alike

to soar to dive to lazily
float around things

breathing again
and again

powerful
weightless

*

non sono esperta
di cambi climatici

delle rotte dei venti
dell'alta o bassa pressione

senza aver messo la testa sui libri
le nuvole le conosco

ci insegnano come
vivere la vita

le migliori sono quelle che
si muovono veloci

che non resistono
gli accadimenti

seguono i venti
che giungono

le vedi in piena gloria
e scompaiono presto

impegnate nella
loro danza

*

I'm not knowledgeable
on climatic changes

the way the winds go
on high or low pressure

I didn't keep my head on books
but clouds those I know

teaching us
how to be in life

the best ones being
those moving fast

giving no resistance
to life happenings

they follow whatever
wind that comes

you see them glorying
and soon happily gone

busy dancing
life out

non hanno tempo per
avere il broncio

quelle che diventano scure
e siedono pesanti

fan venire ad alcuni
il mal di testa

resistono ogni
cambiamento

non c'è scampo
la pesantezza

che creano
coprirà tutti noi

no time to pout – others
grow dark and sit dense

giving headaches
to some of us

they build resistance
to any life change

no escape
the heaviness

they create
will break on us all

*

quello che mi manca
è il tempo che si muove
lentamente creando un silenzio
immobile dentro

osservo le nuvole
navigare lente e l'erba
crescere alta quando
la pioggia ha finito

camminando in salita
vedo il mare da lontano
trattengo il suo profumo
sulla mia pelle

il mio tempo immersa
nella bellezza il mio tempo
i miei giorni le mie abitudini
non trattengo nulla

*

what I miss
is the time moving
slowly creating a still
silence inside

watching the clouds
surf slowly and the grass
grow tall when the rain
is done

walking uphill
seeing the sea from
afar holding its smell
on my skin

my time immersed
in beauty my time
my days my habits
I hold nothing

*

quante volte dimentichiamo
che siamo noi che giriamo
intorno al sole

sediamo contemplando
nel nostro salotto le
ombre che cambiano

quante volte dimentichiamo
che siamo gli specchi
degli atteggiamenti altrui

puntiamo il dito
scegliamo una parte
impersoniamo recitiamo

quante volte dimentichiamo
di essere semplicemente
una parola come grazie

senza chiacchiere inutili
il sole che sorge e che cala
raccontiamoci la verità

*

how often we forget
it is us revolving
around the sun

we sit contemplating
in our living room
the shadows changing

how often we forget
we are mirrors
of others attitudes

we point the finger
pick up a part to act
just impersonating

how often we forget
to simply be a simple
word being thank you

no chit chats on the sun
moving rising setting
telling ourselves truths

*

i sogni imprestati
lui sostiene che siamo
fatti degli stessi atomi
del sole e delle stelle

che una sua piccola
parte forse era una stella
molto tempo fa caduta
su questo duro pianeta

ma non avendo
una luce propria
lui aveva paura
di disintegrarsi

in ogni momento
una volta in più
in polvere sottile
una lacrima ai miei

occhi mentre
affondo nei pensieri
profondi non smette
mai di stupirmi

*

on borrowed dreams
he said we are made
with the same atoms
as the sun and the stars

that a small part of him
could have been a star
long ago now fallen
on this solid planet

yet not having
a light of its own
he was afraid he
may fly apart

anytime once
more into the
finest powder
a tear in my eyes

as I dive into
deep thoughts
he never ceases
to surprise me

*

mettiti sempre
al principio delle cose

mantieni quell'intenzione
come bussola della tua vita

non sei mai alla fine
non sarà mai

la fine del mondo
ma per noi sempre

l'esordio di ogni
nuova cosa

*

stand always
at the beginning of things

keep that attitude
as your compass in life

you are never at the
end it will never be

the end of the world
but always for us

the beginning
of anything new

PERSONAL NOTES.

NOTES

This compilation is a selection of poems taken from the volumes of the *California Notebooks* chosen to be published specifically in a bilingual format.

Although the early poems were conceived in both languages, English and Italian, they were later on written predominantly in English and have been translated in Italian for this collection.

These poems were written in the Coachella Valley, in California, on multiple trips taken from the year 2013 to the year 2015.

NOTE

Questa raccolta è una selezione di poesie proveniente dall'opera in volumi *California Notebooks* scelte per essere pubblicate appositamente in un'edizione bilingue.

Nonostante le prime poesie della raccolta furono concepite in entrambe le lingue, inglese e italiano, più tardi furono scritte prevalentemente in inglese e sono state tradotte in italiano per questa raccolta.

Queste poesie sono state scritte nella Coachella Valley, in California, durante i viaggi avvenuti tra il 2013 e il 2015.

ACKNOLEDGEMENTS

The poem *"Un petalo"* was translated by Bonnie Mc Lelland from the Italian version into English. This is the only title not translated by the author.

The same poem *"Un petalo"* with *"It Is A Revelation"*, both in Italian, in the year 2015 were employed for two video productions sponsored by Archivio Dedalus for ExpoCittà Milano, Italy.

The house following the sun, evoked int the poem *I Always Wish* is a dream passed on to me from my grandfather Celestino, one great man.

On Borrowed Dreams is to Jim Morrison's poetic diaries.

RICONOSCIMENTI

La poesia *"Un petalo"* è stata tradotta da Bonnie Mc Lelland dalla versione italiana alla versione inglese. Questo è l'unico titolo non tradotto dall'autrice stessa.

La poesia *"Un petalo"* e la poesia *"E' una rivelazione"*, entrambe in italiano, sono state utilizzate nell'anno 2015 per due video produzioni sponsorizzate dall'Archivio Dedalus per l'Expocittà Milano in Italia.

La casa rotante che segue il sole, evocata nella poesia *Da sempre desidero,* è un sogno che mi ha trasmesso mio nonno Celestino, un grande uomo.

I sogni imprestati è sorta dai diari poetici Jim Morrison.

A NOTE ABOUT THE AUTHOR

Anna Mosca is a poet and artist. Her poetic expression is bilingual; she composes both in English and in Italian. Her poetry has been published in diverse anthologies and magazines. She has written many poetry collections and produced video-poetry. The employment of poetry in her conceptual art work is frequent. Next to poetry she also expresses herself as a photographer. Her poems and photos can be read and seen at http://www.annamosca.com

NOTA SULL'AUTORE

Anna Mosca è poeta e artista. La sua espressione poetica è bilingue; compone sia in inglese sia in italiano. Le sue poesie sono state pubblicate in molte antologie e riviste. Ha scritto numerose raccolte poetiche e prodotto video poesie. L'utilizzo della poesia nel suo lavoro di arte concettuale è frequente. Si esprime anche con la fotografia. Sia le sue poesie che le sue fotografie possono essere lette e visionate sul sito http://www.annamosca.com